AF555238

L3m
1317

DISCOURS DE L'ESTOC

ET GENEALOGIE

DES COMTES DE VINTEMILLE, PALEOLOGUES ET LASCARIS

DISCOURS DE L'ESTOC

ET GENEALOGIE DES COMTES

DE

VINTEMILLE, PALEOLOGUES & LASCARIS

PAR LE SIEUR DE VINTEMILLE

Conseiller au Parlement de Bourgogne

PUBLIÉ POUR LA PREMIÈRE FOIS PAR

LUDOVIC DE VAUZELLES

Conseiller à la Cour d'appel d'Orléans.

LYON

IMPRIMERIE D'AIMÉ VINGTRINIER

Rue de la Belle-Cordière, 14

—

1873

DISCOURS DE L'ESTOC

ET GÉNÉALOGIE

DES

COMTES DE VINTEMILLE (1) PALEOLOGUES & LASCARIS

AVANT-PROPOS

Le *Discours de l'estoc et genealogie des comtes de Vintemille, Paleologues et Lascaris* n'a jamais été imprimé. Pierre Palliot, Louis Jacob, Dominique Robert, au dix-septième siècle, Baillet, de Colonia et les continuateurs de Moréri, au dix-huitième, en font mention dans leurs écrits et déclarent y avoir puisé divers renseignements ; mais le manuscrit original a disparu. Il n'en existe plus, à notre connaissance, que deux copies : l'une se trouve à la Bibliothèque nationale (Départ. des Mss., Fonds latin, nº 12905, autrefois fonds Saint-Germain français, nº 1400) ; nous l'avons consultée pour écrire la vie de Vintimille (2) et décrite aux pages 83, 84 et 105 de notre ouvrage : elle a été faite pour un neveu de Jacques de Vintimille, Prosper, et augmentée de documents qui ne concernent que celui-ci.

(1) L'usage a prévalu d'écrire *Vintimille*, mais nous maintenons l'ancienne orthographe.

(2) *Vie de Jacques comte de Vintimille, conseiller au Parlement de Bourgogne, littérateur et savant du seizième siècle*, d'après des documents inédits (Orléans, Herluison, 1865, in-8º). La *Revue du Lyonnais* a reproduit cette biographie dans ses numéros de décembre 1866 et janvier, février, mars et avril 1867.

L'autre appartient à M. de Laplanche, propriétaire du château de ce nom dans la Nièvre, qui nous l'a très-obligeamment communiquée ; elle est due à Philibert de la Mare, conseiller au Parlement de Bourgogne, lequel, au dix-septième siècle, avait projeté d'écrire une vie de Vintimille et réuni des documents pour cet objet. Plus correcte que la précédente, elle est dans un état matériel moins satisfaisant et fort endommagée par l'humidité. Nous avons mis à contribution pour établir le texte de Vintimille ces deux copies, surtout la seconde, dans laquelle l'ancienne orthographe a presque toujours été respectée.

Quant à la date de l'ouvrage, on peut la fixer avec certitude à l'année 1576. « Dieu m'a donné une fille, dit Vintimille en finissant, de laquelle je voy sortir de la lignée pour ma consolation. » Or, d'une part, Jeanne de Vintimille, fille unique du docte conseiller, avait épousé, vers 1575, Melchior Bernard de Montessus, gouverneur de la citadelle de Châlon, comme le prouve une lettre de congratulation (1) écrite à Vintimille le 28 novembre 1575, par Madeleine de Savoie, veuve du connétable Anne de Montmorency ; et de l'autre, on voit par la préface de ces mémoires que leur auteur les composa à la demande de Maclou Popon, conseiller au Parlement de Bourgogne, son ami, auquel ils sont dédiés. Or, l'on sait que Popon mourut au mois de mars 1577, après une maladie de plusieurs mois.

Vintimille, en envoyant cet écrit à Popon, lui avait enjoint de le détruire ; il ne voulait pas que ses descendants en fissent vanité ; peut-être aussi craignait-il d'y avoir consigné quelques erreurs. « Il avait décrit lui-même, dit le P. Dominique Robert, sa généalogie, qui ne se trouve pas entièrement conforme à ce que j'ai vu dans la table généalogique des seigneurs de Caravonica ; aussi dit-il que, lorsqu'il la dressa, c'était suivant ce que sa mémoire lui en pouvait fournir. » Tel qu'il est cependant, ce *Discours*, recueilli par des mains pieuses après la mort de Popon, nous a paru mériter d'être conservé ; il contient plus d'une particularité intéressante pour l'histoire d'une maison illustre, et aussi plus d'un enseignement ; il reflète sans prétention la physionomie, assurément peu commune, de son auteur et nous introduit avec une bonhomie pleine de charme jusque dans sa familiarité.

Ludovic de Vauzelles.

(1) M. de Laplanche en possède une copie ancienne.

DISCOURS DE L'ESTOC

Et généalogie des comtes de Vintemille, Paleologues et Lascaris, par le sieur de Vintemille, conseiller au Parlement de Bourgogne.

A Monsieur Popon, conseiller au mesme Parlement.

Plusieurs se sont plaincts à moy de moy mesme, et vous plus que nul autre, tresfidele et cordial amy, de ce que i'ay voulu vivre jusques à present comme en tenebres en ma maison privée, me contentant d'un mediocre estat en honneste pauvreté, sans aspirer aux dignitez et faveurs de Cour, et encores plus que ie n'ay faict cognoistre en public le lieu et la race dont ie suis sorty et les gestes vertueux dont mes maieurs se sont faicts grands et remply leurs maisons de biens et d'honneurs, subiets, clienteles et amys. Vous m'avez maintes fois remonstré que les biens temporels, faveurs et marques de fortune ne nuisent point, ains aydent aucunement en la felicité que l'on cherche en ce monde selon la tradition des Peripatetiques, et que l'obiect que l'on se propose devant les yeux d'ensuivre la trace de ses maieurs, incite grandement les hommes aux belles et louables entreprises; à ce propos vous m'avez amené l'exemple et l'authorité de ce grand Themistocles, lequel disoit que les trophées de Miltiades ne le laissoient point dormir et lui donnoient un merveilleux aiguillon au desir qu'il avoit de se rendre illustre et chercher une pareille ou plus grande louange; que i'avois par experience cognû que le peu qui en estoit venu à la notice des grands de la noblesse et renom de mes progeniteurs, m'avoit aydé à parvenir à prosperité et m'avoit secouru en adversité, et qui plus est, garanty d'une extreme ruine, qui m'estoit par mes envieux preparée. Que si ces considerations n'estoient suffisantes à m'esmouvoir à ceste gloire, ou que la splendeur des tiltres des maieurs ne m'incitoit à suivre leurs vestiges, à tout le moings que j'eusse esgard à ma posterité, laquelle je ne devois frauder de ce qui luy est deu et que par droict je ne luy peulx oster, à scavoir l'honneur et le nom de ses ancestres, les tiltres et armes de sa race et les autres dons de nature qui la tiennent apparentée et alliée ès grandes maisons, tant en France qu'en Italie et ailleurs. Et combien que les gentilshommes de Bourgogne avec lesquels je me suis allié fussent bien certains de l'ancienneté et noblesse de ma maison, si est-ce qu'eux ny mes enfans n'estans par le menu informés de ces genealogies estrangeres, ne pouvoient autre chose dire, sinon que du costé paternel j'estois issu des comtes de Vintemille, et du costé maternel, des Paleologues, empereurs de Constantinople, chose qui n'est suffisante pour contenter les esprits des jeunes gens, qui desirent scavoir particulierement le discours de l'estoc et fortune de leurs maieurs, à fin que par là ils puissent estre incitez à les suivre ès actes genereux et à fuir les occasions des adversitez où aucuns d'eux ont esté oublieux. Et m'avez aussi par plusieurs autres raisons requis et prié, voire conjuré par les liens de nostre amitié, de vous faire entendre particulierement les discours des maisons de Vintemille, Paleologues et Lascaris, de leurs vies, mœurs et alliances, à fin de laisser ce thresor, sinon en public, du moins à vous et à ma maison et posterité. A fin qu'en figurant comme en un tableau les mœurs et conditions d'iceux, les enfans de nos enfans s'en puissent resiouir et conformer leur vie aux actes plus illustres et dignes d'estre pris pour exemples. A ces belles raisons et exhortations, trescher amy, vous sçavez la response que ie vous ay faicte, comme dés mon ieune aage i'avois loué, choisy et appreuvé la sentence de Chilo Lacedemonien, λάθε βιώσας, et la vie d'Aglaves Psophidius, qui fut iugé sage par l'oracle d'Apollo pour n'estre iamais sorty d'un petit jardin qu'il labouroit, aymant mieux la vie privée et incognüe que la publique et active, et que me voyant eschappé d'un naufrage et orage tresdangereux de la prise de Rhodes par les infideles et reduict à une incertitude de vie, ne sçachant où ficher le pied, apres avoir consumé mes jeunes ans à tourner la pierre de Sisyphe par infinis voyages par mer et par terre, ie m'estois caché en ce nid que Dieu m'avoit preparé pour passer le reste de mes iours en tranquillité d'esprit, sans chercher autre chose que la vertu, que ie tiens avec les Stoiques le seul but de la felicité. Je vous mettois aussi au devant que la memoire des anciennes richesses et grandeurs des ancestres, apportoit plus de tristesse et douleur que de plaisir et contentement, quand on est reduict en pauvreté, voire que le rapport et publication de ses grandeurs en une personne estrangere responde à mespris et moquerie, et n'adiouste-t'on pas foy à un homme qui se dit estre sorty de si grand lieu, s'il n'a de quoy paroistre en rang de prince, ou s'il n'est accommodé de quelque faveur extrordinaire, ou par faicts d'armes, ou par actes singuliers et remarquables entre les hommes. Que si bien Themistocles aiguillonné par les victoires de Miltiades, ne pouvoit dormir et que par l'exemple d'iceluy, il se soit rendu illustre et acquis le nom de tressage capitaine en la deffense des Perses, ie n'avois pourtant occasion de perdre le sommeil, en ce que ie n'estois en mesme estat qu'il estoit et que les moyens qu'il avoit me défailloient : tellement que si bien je me propose devant les yeux le comte Guido ou Jean de Vintemille, Michel Paleologue ou Theodore Lascaris, qui ont faict choses louables en leur temps, n'ayant autre moyen ie n'advanceray non plus que celuy qui faict des chasteaux en Espagne, ou qui songe en veillant, tant pour n'estre né à cela, que pour n'avoir esté accompagné de bonne fortune en toutes mes actions ; et n'estois de ceux qu'elle avoit aymez et exaltez jusques aux cieux. Que si i'avois senty quelque faveur des grands en consideration de consanguinité ou alliance, qu'ils m'ayent aydé en la bonne fortune et secouru en la mauvaise, ie recognois le tout de la bonté de Dieu, qui a eu pitié de mes longues adversitez et m'a donné moyen de faire quelque service agreable aux grands, lesquels n'ont esté ingrats en mon endroict quand ie les ay requis de me mettre soubs les aisles de leur protection ou me preserver d'une calomnie. La plus grande consideration est celle de la posterité, à laquelle on ne doibt cacher ce qui est à eux et que on ne leur peult oster comme venant à eux par leurs ancestres. Mais vous sçavez que ie vous ay donné deux raisons au contraire. L'une prise sur l'exemple de Stilphon, recité par Plutarque, lequel donna tous ses biens à ses amys, sans rien laisser à ses enfans, et comme il fut repris de ceste rudesse et cruauté, respondit que, si ses enfans estoient vertueux, ils en acquereroient plus par la faveur de Dieu que luy-mesme n'en avoit ; mais s'ils estoient vitieux, il ne vouloit qu'ils se peussent prevaloir de son bien pour mal vivre. Aussi serois-ie bien marry que mes enfans s'armassent de mes moyens, ne que peussent employer la faveur des grands qui me sont ou parents ou amys pour estre vitieux ou dissolus, sçachant bien que s'ils ayment la vertu, Dieu ne leur manquera iamais. L'autre, qui est la principalle, c'est que i'ay tousiours estimé les tiltres specieux et tant recommandables parmi les hommes, estre plains de vanité, servant plus à la destruction qu'à l'edification de l'ame, d'autant que l'esprit de l'homme s'amusant à ces fumeuses ambitions et peintures de ses maieurs, oublie plus souvent Dieu et s'addonne plus à suivre les honneurs et faveurs de Cour, qui n'est que l'escorce, que la vraye pieté et vertu, qui est la moelle et l'interieur de ces personnes illustres. Vous sçavez ce que dit le psalmiste au 49 :

Aucuns se sont à leurs thresors tenus,
Se faisans forts de leurs grands revenus,
Mais nul ne peult faire son frere vivre,
N'offrir à Dieu rançon qui le delivre.
Et toutefois tout le discours qu'ils font,
C'est qu'à iamais leurs maisons dureront,
Que leur logis et places de leur nom
De fils en fils porteront leur renom.
Leur train ne tend qu'à folle vanité.

Le reste du psalme enseigne que tous ceux qui mettent leur courage en ces choses vaines et transitoires, se perdent eux mesmes et sont du tout insensez :

Il n'est plus homme, ains aux bestes ressemble,
Desquels meurt ame et le corps tout ensemble.

Il n'y a doute que ces soucis et vanitez donnent une infinité d'afflictions aux esprits qui suivent le monde, rongeans leur cœur par ambition, convoitise, orgueil, mespris et envie, tellement qu'il n'est possible d'aymer Dieu et ces choses ensemble. Or, ma part, comme i'estime la louange sordide provenant de la bouche d'autruy, aussi ai-ie pensé qu'elle seroit telle sortant de la mienne propre, et ay mieux aymé me tenir comme en tenebres caché soubs une mer d'oubliance, que de faire sonner en moy ce que i'ay tousiours reprouvé en autruy. Cela est proprement un apast de ieunes gens, invention et corruptelle du monde, lequel avec la chair et le malin esprit corrompt et renverse les sainctes apprehensions de l'ame, et l'empesche de monter à la contemplation des choses celestes. Et d'autant que ces fumées et vanitez nous touchent de prés, d'autant plus servent-elles à corrompre et infester nos mœurs et nous desvoyer du sentier de vertu. C'est ce qui m'a faict jusqu'à présent, non-seulement espargner à publier, mais quasi ensevelir d'une perpetuelle oubliance le discours et memorial de mes progeniteurs, estimant que telle curiosité ne pourroit estre utile ny à moy ny aux miens, sinon d'un aiguillon et allumette de vaine gloire. Voylà pourquoy ie vous ay tousiours faict entendre que la vie privée et paisible m'estoit plus agreable que splendide et turbulante, et que par le moyen d'icelle i'esperois acquerir ceste tranquillité d'esprit, contentement de soy-mesme, serenité de pensée, franchise de soucy, liberté de conscience, avec un perpetuel loisir et volonté de ne penser à autre chose qu'à Dieu. En quoy i'estime que gist toute la felicité de l'homme. Et quant au discours de la vie, mœurs, faicts, armes et alliances de ceux dont ie suis descendu, que ie ne voulois ny entendois en laisser à mes enfans ny à ma posterité aucune enseigne, peinture, monument ny tableau, me contentant de leur avoir monstré le chemin de vertu, et donné le moyen de cognoistre Dieu et sa loy, sans leur laisser aucune marque de vice et deshonneur. Mais quant à vostre particulier et ce que m'avez requis et prié de vous donner un brief memoire des noms et qualitez de mes progeniteurs, encores que ie sache bien que cela ne vous peult de rien servir, toutefois considerant que pour la prudence, la pieté dont vous estes remply, vous n'en pourrez faire vostre profit, ains prendre cela comme une histoire vulgaire et prophane, i'ay bien voulu condescendre à vostre volonté, comme à celuy à qui je ne puis ny dois refuser aucune chose, à la charge et condition que vous me gratifierez en une priere que ie vous fais, à sçavoir qu'apres avoir sceu et couru une fois ceste genealogie, vous ne la communiquerez à personne ny mesme à mes enfans propres, ains en ferez un présent à Vulcan, à fin que nul d'eux se puisse servir de ces vanitez et fumées en ce monde tant vitieux et corrompu.

DISCOURS DES HOMMES ILLUSTRES DE LA RACE DES COMTES DE VINTEMILLE, PALEOLOGUES ET LASCARIS.

La cité de Vintemille, assise sur un promontoire ou cap de mer en la coste Ligustique, que l'on nomme la rive de Gennes, est une tresnoble et illustre cité, qui se nommoit iadis, du temps des Romains, Entemelion, autrement Ingaunis Entimelii, de plus ancienne fondation que la ville de Rome, selon que Strabon et Ptolomée et mesme Tite Live le tesmoignent. Elle fut vaincue et reduicte soubs la puissance des Romains, du temps de la troisiesme guerre punique, par Lucius Æmilius Paulus, proconsul, lorsqu'il fit la guerre et subjugua toute la province appellée Ligurie, laquelle fut ainsi appellée d'un roy nommé Lygistus, fils de Phaeton, qui premier regna en ceste region, et s'estand depuis la riviere Maira pres de Nice, separant l'Italie des Gaules, jusques au Var, fleuve pres de Pise, au port de Lyvorne, et contient plus de deux cent miles de long. Ceste cité a tousiours esté à l'obeissance des Romains, jusques au temps de Valentinian, empereur, lorsque les villes et provinces se sont peu à peu distraictes du ioug de l'empire romain, et se sont, les unes rendues libres en forme de républiques, les autres ont pris des ducs, rois ou comtes pour les gouverner. Entre lesquelles celle de Vintemille a esté regie et gouvernée par comtes, seigneurs non seulement de ladite cité, mais de plusieurs autres terres et chasteaux de la Ligurie. De vous reciter qui fut le premier comte de Vintemille, et par quel moyen il parvint à ceste grandeur, il m'est impossible, d'autant que je n'en ay rien veu par escrit, estant la chose presque obliterée par antiquité. Si est-ce qu'il y a pres de douze cens ans, du temps de Constantin, empereur, que Dieu favorisa tant un comte de Vintemille, qui pour lors vivoit, qu'il voulut la fille d'iceluy, nommée Guye ou Gueta, estre colloquée en mariage à un grand prince du païs de Syrie, pour en faire naistre et reluire au monde ce grand anachorete sainct Anthoine. Aucuns tiennent qu'elle fut ravie par les corsaires sarrazins voltigeans la coste de Gennes, ainsi qu'elle se pourmenoit sur le rivage de la mer avec ses damoiselles; autres disent qu'elle fut conduicte en Syrie par vœu et devotion du pere, et que par inspiration divine, le mariage fut accordé pour apporter ce miroir de saincteté au monde. Ce sainct Anthoine, comme les saincts autheurs le tesmoignent, estant remply d'un esprit de pieté, abandonna les biens et richesses paternelles pour choisir la vie contemplative, et, pour y parvenir, se retira és deserts d'Egypte, le mesme temps que vivoit le sainct hermiste Hilarion, où il vescut jusques à l'aage de cent et cinq ans, et receut tant de dons et graces de Dieu, que, de son vivant, il fit infinies preuves de sa saincteté. Et, après son decedś, plusieurs miracles l'ont tesmoigné : tellement que son renom est espandu par tout le monde, non seulement parmy les chrestiens, mais aussi parmy les infideles. Depuis il est venu en telle reverence que plusieurs temples ont esté construicts sous son nom et un ordre de religieux estably, portans le tiltre et l'habit de moine de sainct Anthoine, ayans maisons, esglises, cloistres, et revenus suffisans pour leur entretenement; et s'en voist encore aujourd'huy, non-seulement en l'Europe, mais aussi en Asie et Affrique douez et rentez par les roys et princes et republiques emües de ses miracles et de la charité qui s'exerce par les disciples et sectateurs d'iceluy. Les plus devots chrestiens tiennent que ce sainct personnage a obtenu ceste grace, que tous ceux qui requerroient ses intercessions envers Dieu seroient preservez et guaris de toutes maladies portans feu et Istiomene (1), que l'on appelle communement le mal Sainct-Anthoine; et se trouve escrit ès chroniques dudit Ordre, que pour donner tesmoignage du lieu dont ce sainct estoit sorty, tous ceux de la race des comtes de Vintemille, leurs hommes et subiects sont exemps de ce mal, et que ceux qui en sont entachez ès autres provinces, venans à Vintemille ou ès maisons desdits comtes, en sont guaris tout aussy tost qu'aucun d'eux a faict ses prières à Dieu par l'intercession de sainct Anthoine, chose si claire et approuvée par toute la coste de Gennes, que nul n'en doute, et est tenue pour notoire.

II. Or, depuis ce temps là, les comtes de Vintemille ont tousiours prosperé et multiplié, non-seulement en biens et honneurs, mais aussi en lignée, tant en la coste de Gennes qu'en autres provinces. Ceux qui se tenoient en la cité et forteresse de Vintemille, principalle marque de leur nom, tenoient cour ouverte et faisoient de grands faicts d'armes par mer et par terre, et ont faict bastir et construire de

(1) Esthiomene ou dartre rongeante, appelée par Galien Ἐσθιόμενος ἕρπης.

grands et forts chasteaux en divers lieux, et pour tesmoignage de leur piété, ont basty et fondé des esglises, tant soubs le nom de sainct Anthoine, qu'ils ont tousiours eu en grande veneration, qu'autres saincts qui se voyent espanchez par toute la coste de Gennes. Et d'autant qu'ils se virent multiplier en grand nombre, à fin de conserver le tiltre de leur maison, firent un statut, confirmé par l'empereur, que les biens feodaux de leur maison ne tomberoient iamais en filles, mais la succession iroit de masle en masle perpetuellement, demeurans tousiours les principalles places et chasteaux aux aisnés. Or estans lesdits comtes multipliez en si grand nombre de mesme vertu et courage, aucuns d'eux prirent volonté de chercher fortune ailleurs. Par ainsi il s'en trouva pour un coup dix freres et cousins germains de mesme nom, et presque de mesme aage et faculté, qui se mirent à suivre les roys de Naples et de Sicile, où ils firent de grands faicts d'armes, tant contre les Sarrazins que les Turcs, et s'arresterent, les uns à Naples, les autres en Sicile, où ils acquirent grands biens, seigneuries et chasteaux; dont les descendants sont encores auiourd'huy puissants et tiennent plus de cent mille ducats de rente. A l'exemple de ceux-cy il y en eut d'autres en bon nombre qui firent un iect devers la Provence et pays de Venisse, et se mirent au service des roys de France, comtes de Viennois et de Provence, et firent si bien qu'ils y acquirent grands biens et honneurs et y establirent leur siege pour leurs enfans et posterité, où ils florissent encores auiourd'huy et y possedent de grands biens à Olliepules et Tourves. Autres ont tourné leurs voiles contre la Grece et vers les empereurs de Constantinople, où ils ont si bien monstré leur vertu et grandeur de courage et se sont faicts si puissants, qu'ils sont entrez en l'alliance des empereurs et emporté les plus grandes dignitez de l'empire. Il y en a eu qui ont passé iusques en Espagne, Flandres et Angleterre, et y ont estably leur siege et maisons, pour eux et leur postérité, et ont eu, les uns bonne, les autres adverse fortune. Le plus grand nombre d'iceux demeura en la coste de Gennes et se ramagea à l'entour de Vintemille, aucuns d'eux à Tenda et à la Briga, autres en la vallée d'Oneglia, et par long temps ont tenu et possedé la comté de Vintemille, celle de Tenda, la seigneurie de la Briga, Oneglia et villages en despendans, Serrzano, Varachio, la seigneurie du Maro et quatre chasteaux en despendans, de Cunio, Aurigo, Luzinasco et Caravonica, la forteresse de Petralata, Luzana, Mendalica, Montegrosso, Carpaxio, Larzeno, Triora, Ressio et autres terres du long de la mer, jusques à Gennes, et autres en terre ferme par la vallée de Rodon jusques au mont Apennin, que l'on nomme la Penna. Ceux-là ont aussi faict des grands faicts d'armes soubs les roys d'Espagne contre les Sarrazins et Mores, et y ont acquis tant d'honneurs, de biens et faveurs, que le roy Alphonse de Castille print à femme la sœur du comte de Vintemille, en l'an 930, le fils duquel comte, nommé le comte Guido de Vintemille, fut chef de son armée contre les Sarrazins, et y alla accompagné de trois de ses fils, le premier desquels, nommé Conrad, estoit destiné pour estre comte de Vintemille; le second, nommé Odo, luy devoit succeder au marquisat des Alpes maritimes; et le troisiesme, Roland, en la comté de Luzane et des monts de Carfiane, comme il appert par un testament qu'il fit en l'an 954, allant à son entreprise, où il appelle ledit Alphonse, roi d'Espagne, son oncle, et nomme Anthoine, son frere, gouverneur en Piedmont pour l'Empereur, Thomas, comte de Savoye, frere de sa femme nommée Leonor, et Guaymond, marquis de Montferrat, et Tanguier, comte de Valence, ses nepveux, tous chefs de grandes et illustres maisons. Ledit comte Guido fonda l'esglise et monastere de Sainct Michel pres de Vintemille, avec un hospital et une chappelle à l'honneur de sainct Anthoine, pour recevoir tous estrangers et malades, les nourrir et panser jusques à entiere guarison; et pour ce faire donna de grands biens et revenus aux religieux et prieur dudit monastere, retenant ce lieu pour sa sepulture et de ses enfans, avec une reserve à ceux de sa posterité d'y pouvoir habiter tant que bon leur sembleroit. Ce testament est encores auiourd'huy au thresor de ladite esglise et registré és registres de l'Evesque dudit lieu, dont i'en ay un extraict mentionné en l'inventaire des tiltres que i'ay laissez à Cunio et mis en garde és mains du seigneur Jean-Francesco de Vintemille, sieur de Caravonica, mon cousin. Quelques temps apres, les successeurs dudit comte augmenterent leur seigneurie sur la rive de Gennes et se firent seigneurs de la vallée d'Oneglia, de la seigneurie de Petralata et terres en despendantes; puis passerent outre et occuperent un port de mer pres de Gennes, nommé Varascio, qui depuis fut comblé par les Gennois, et contre les montaignes se firent seigneurs de la comté de Tende et de la Brigue, et se trouverent si puissants, qu'ils eurent une guerre contre le comte de Provence qui pour lors regnoit, nommé Remond Berengier, en la personne duquel fut estaincte la race des comtes de Provence, et ladite comté tranferée és roys de Naples, environ l'an 1250, auxquels lesdits comtes de Vintemille se rendirent feodaux, et mesme aux roys Louys et Jeanne de Naples, comtes de Provence, à la suyte desquels ils acquirent honneur et reputation.

III. On tient que la maison de Vintemille et celle de Lascaris se sont ioinctes et unies ensemble par un tel moyen : Du temps de l'empereur de Constantinople, nommé Alexius, un ambassadeur grec de la maison de Lascaris, fort grand et illustre en la Nastolie et en Grece, proche parent de l'Empereur, fut envoyé vers le roy de France pour traicter de certaines alliances et confederations pour la guerre qui s'y dressoit lors contre les Turcs. Cest ambassadeur fut honorablement receu par le comte de Vintemille, et pour ce qu'il tomba en quelque maladie, il fut traicté et pansé si humainement par la comtesse, qu'en peu de temps il vint en convalescence, et tant pour l'amitié qu'il avoit conçüe de la bonne grace de la fille dudit comte que pour la recognoissance de la charité et hospitalité par luy receüe de ceste maison, il demanda ladite fille en mariage, laquelle on fit pour le commencement difficulté de luy accorder, ne voulant ledit comte, et encores moins la comtesse, souffrir que leur fille s'esloignast si fort, que d'aller à Constantinople, païs lointain et different de langue, mœurs, ciel et complexions. Enfin, ledit sieur Lascaris, vaincu d'amour et de gratitude, promit de laisser ses grandes faveurs et fortunes qu'il avoit en Grece, et avec les biens et thresors qu'il pourroit amasser, venir habiter en Provence, pourveu qu'on luy accordast la fille. Ce qui fut faict : car ledit Lascaris s'en retourna en Constantinople rendre compte de son ambassade à l'empereur, et combien qu'il fust en espoir de parvenir à grande fortune, d'autant que, peu apres, Theodore Lascaris, son cousin germain, parvint à l'empire de Grece, si est-ce qu'estant memoratif de sa promesse, un an apres, ayant amassé de grands thresors, retourna vers le comte de Vintemille et espousa sa fille ; puis prit sa demeure en Provence, en une maison forte qu'il fit bastir, appellée Castelnovo, pres de Nice, et voulut que ses enfans portassent le nom de Vintemille

Lascaris, comme tous ceux de ceste race le portent encores auiourd'huy. A ceux-cy est tombé en partage par succession de temps, la comté de Tende et de la Brigue et autres seigneuries, que ledit comte de Vintemille avoit en Provence. Et combien qu'ils fussent parents et liés d'une grande amitié, si est-ce que leurs successeurs eurent quelque querelle et dissention pour l'authorité; tellement que le comte de Vintemille eut guerre contre ceux de Tende, pour s'estre montrez rebelles et ne l'avoir voulu recognoistre pour seigneur. Tellement qu'apres les avoir assiegez et combattus, il les subjugua environ l'an 1354. Depuis, la premiere et ancienne alliance s'est derechef unie et conioincte entre ces deux maisons, et quasi de fils en fils par mariages ont renouvelé et continué la premiere union ; combien qu'il y a d'autres seigneurs en Provence du nom de Vintemille, qui sont de l'ancienne race, mesme les seigneurs d'Ouliol et de Tourves pres de Marseille, et autres dont ie n'ay point de cognoissance. De ceste maison de Lascaris il y en a eu plusieurs qui se sont faicts grands en faict de guerre ; autres se sont addonnez aux sciences. Mesme du temps de Petrarque et la belle Laurette, environ l'an 1348, un nommé Louys de Lascaris des comtes de Vintemille et de Tende et de la Brigue, estoit non-seulement vaillant aux armes, mais aussi estoit reputé tresdocte en toutes sciences et mesmement en poësie. Il fut chef d'armée pour la reine Jeanne de Naples, comtesse de Provence, contre les Bretons et Anglais et les chassa hors de Provence. D'autre costé, il laissa quelques œuvres faictes de sa main, estimées entre les doctes, et mourut environ l'an 1376. Les comtes de Vintemille ont flory grandement en honneur au service des roys, et en leurs maisons ont tousiours esté magnifiques, et tenu cour ouverte de grand nombre de gentilshommes, et avoient des navires et galeres en bon nombre, avec lesquelles ils faisoient de grandes expeditions en Levant, ayans des gens à Constantinople et à Capha et en Egypte, et grand nombre d'esclaves, tant pour le service de la maison que pour armer et equiper leurs galeres : et se trouva l'un d'eux si puissant qu'il fit la guerre aux Gennois pour une iniure qu'il pretendoit luy estre faicte, et les deffist en battaille navalle, et occupa le port de Savonne, et avec l'ayde des marquis de Carretto et autres ses parens, ravagea toute la coste, et prist plusieurs vaisseaux iusques dedans le port de Gennes, tellement qu'il les contraignit à faire paix et accord avec luy. Mais quelque temps apres, comme il se fust trop elevé pour ses heureux succez, il tomba en dissention avec un sien frere Manuel, lequel par despit s'alla rendre aux Gennois, et leur vendit sa part de la seigneurie de Vintemille, puis leur donna avis de recommancer la guerre au comte, et assieger la cité par mer et par terre ; ce qu'ils firent, et avec une grosse armée firent tant par l'espace de trois ans qu'ils prindrent la cité et reduisirent le comte dedans la forteresse, où il mourut; et des lors la cité de Vintemille fut occupée par eux et annexée à la seigneurie de Sainct-George. Et quant à ceux de la race de Vintemille, ils demeurerent en la iouyssance des autres biens qu'ils tenoient és lieux de Tende et de la Brigue et en la vallée d'Oneglia et seigneurie du Maro, dont il y en a quatre branches qui jouyssent encores auiourd'huy de partie desdites terres : à sçavoir, ceux du Cunio, d'Aurigo, de Caravonica et Luscinasco, sauf et reservé que le comte de Tende s'est rendu maistre et seigneur de la seigneurie du Maro et Petralata, des l'an 1450, depuis lequel temps ceux de l'ancienne race se sont tousiours plaincts de ceste usurpation. Car combien que Guillaume des comtes de Vintemille, seigneur du Maro, eust donné sa fille unique audit comte de Tende de la maison de Lascaris et iceluy investi de ladite place, si est-ce que les vrays comtes de Vintemille pretendirent, comme ils pretendent, que ladite seigneurie du Maro et autres ne pouvoient sortir de leur famille masculine, ayans en leur puissance le tiltre de l'infeodation de l'empereur Federic, avec le statut ancien de la maison, confirmé par infinis contracts, par lesquels il estoit dit que les biens nobles et feodaux ne pourroient estre vendus ny alienez, sinon aux masles de l'ancienne race, avec prohibition expresse de laisser tomber lesdits biens en filles. Laquelle dispute concerne les quatre branches pour le regard du Maro et Petralata et vingt-quatre villages qui en despendent. Mais pour le regard du Cunio, le seigneur Alexandre des comtes de Vintemille, mon pere, avec les seigneurs Marc, Charles, François et Augustin, chevaliers de Rhodes, ses freres, en eurent une particuliere dispute, en l'an 1510, contre le seigneur Honorato de Lascaris, lequel avoit espousé Andriette de Vintemille, fille unique d'Anthonio des comtes de Vintemille, et par ce moyen eut à son partage les portions d'iceluy és terres du Cunio, Larzeno, Carpaxio et Sainct Bartelemy, et en a jouy de son vivant, selon que ses enfans Anthonio et Tiberio les tiennent auiourd'huy. Mais ledit Alexandre et ses freres pretendoient que lesdits biens estans feodaux de l'Empire n'ont peu ny deu sortir de la famille ancienne, et mesme des masles, auxquels, par le statut ancien ils estoient affectez avec prohibition de laisser tomber lesdits fiefs en quenouïlle, dont il y a plusieurs tiltres en nostre maison, selon l'inventaire que i'en ay faict.

IV. Je sçais que vous desirez sçavoir la genealogie des

comtes de Vintemille depuis le comte Guido, qui fit une belle expedition contre les Sarrazins; mais il m'est impossible pour le present, d'autant que les tiltres anciens de nostre maison sont en la puissance de mon frere, au Cunio. Bien vous reciteray-ie ce que en ay peu retenir par memoire, à la charge de l'augmenter, quand i'auray moyen de voir lesdits tiltres. Il me souvient avoir veu l'investiture faicte en Raymond et Philippin comtes de Vintemille des dixmes qu'ils prenoient sur les villages de la vallée d'Oneglia, reservans la quarte partie à l'Esglise, de l'an 1155. Mais ie n'ay plus de souvenance par qui elle fut faicte, et me semble qu'elle estoit causée sur les voyages et entreprises qui se faisoient par les chrestiens sur les infideles. Ces deux freres moururent à la guerre, et laisserent chascun deux enfans. Raymond eut Lanfranc et Rinaldin, lesquels eurent leur partage en ladite vallée d'Oneglia, és terre du Maro, Cunio et Carpaxio. Philippin eut Rogier et Symon, lesquels eurent Petralata et Luzinasco, avec autres villages en despendans. Ceux-cy eurent beaucoup d'enfans, dont ie ne suis memoratif. Lanfranc eut un fils nommé Manfroy, entre plusieurs autres, lequel delaissa un fils nommé Philippe, et ce Philippe un Philippin des comtes de Vintemille, auquel advint le partage du Cunio et autres terres. Il obtint droit de regale des marquis de Gravesane en la terre de Rescio par tiltre de l'an 1230. Depuis, il donna toutes les terres qu'il avoit au Cunio à ses subiects et leur divisa les feux et maisons, en payant seulement une mesure de païs appellée un star de froment et trois minettes de spelte, par contract passé en l'an 1281. Ce Philippin eut trois fils, Lanfranc, Jacques et Obert, lesquels eurent lignée; mais elle fut inutile et sans hoirs, tellement que le tout vint à un autre Philippe, fils de Rogier, lequel delaissa huict fils, Manfroy, Philippe, Manuel, Jean, Guillaume, Gergesio, Obert et Henry. Ceux-cy furent investis par l'Empereur de Petralata haulte et basse et Pantarine, et de Vilars, et receurent la fidelité de leurs subiects ; puis firent un accord avec Philippin, leur oncle, que les biens feodaux ne pourroient estre alienez ny transferez hors de leur famille, 1301. De tous ces freres, il n'y eut que Manfroy, le premier, qui demeurat au Cunio, et eut quatre enfans. Quant aux autres freres, Jean, Manuel et Guillaume allerent chercher leur fortune en Sicile et s'arresterent en la ville de Saca. Obert, apres avoir affranchy ses hommes de Larzeno, à condition que s'ils mouroient sans enfans, ils peussent disposer de la moitié de leurs biens, et l'autre moitié appartiendroit audit seigneur, il se retira à Triore, où il edifia une esglise, et passa le demourant de ses iours en devotion. George et Guillaume moururent sans hoirs ; Philippe receut l'infeodation de l'Empereur, tant en son nom que de ses freres, de tous les biens qu'ils avoient en l'an 1311, et investit Guillaume Bonfils, de Triore, des dixmes qu'il y avoit en l'an 1314. Et auparavant avoit acheté les biens et seigneuries appartenans à Jean Lascaris et un droit qui fut faict sur luy et sur tous ses biens en l'an 1306. Pierre-Alphonse, fils aisné de Manfroy, duquel seulement il fault parler, sans faire mention de ses freres, Philippin, Jean et Petrin, lesquels allerent chercher leur fortune aupres des roys de Naples et de Sicile, fut puissant et redouté, estant grand seigneur en ces vallées, et principalement des seigneuries de Maro, Cunio, Petralata, Carpaxio, Larzeno, Montegrosso, Borget, Mendalica, Canet, Villatale, Stronao et autres terres : il eut de grands differends avec la seigneurie de Gennes, et prit le lieutenant general des Gennois, nommé Vinciguerra en toute la rive, prisonnier, avec plusieurs soldats et citoyens de la ville, pour quelque tort qu'il pretendoit lui estre faict. Il fit reedifier le chastel du Cunio, qui auparavant avoit esté ruiné par les Gennois. Il deceda en l'an 1398, delaissant quatre enfans, Guillaume-Pierre, Jean, Dominic et Anthoine. Ce Guillaume-Pierre fut surpris en guerre par Jean de Campofregoso, capitaine des Gennois, et mené à Gennes, où il fut contrainct de faire accord avec eux et leur laisser quelques terres, mesme le Cunio, qui derechef fut ruiné par eux, en l'an 1438. Depuis, Marc, son fils, fut remis en ses biens, et reprit le chastel de Cunio, qu'il reedifia, et confessa le tenir de la communauté de Gennes, et eut lettres du duc de Gennes pour estre luy et sa posterité citoyens de leur republique, et aussi pour rentrer en la iouyssance de ses terres, et que ses subiects luy portassent obeissance, ce qui fut faict. Par son testament il renouvela le statut ancien de la succession des masles és biens feodaux, et ordonna que les enfans masles du nom et race des comtes de Vintemille succederoient en ses biens avec prohibition d'aliener. Son frere André et un nommé Rogier furent chevaliers de l'ordre de Saint Jean de Hierusalem à Rhodes, et moururent combattans contre les Turcs. Jean, le second fils de Pierre-Alphonse, acheta les terres de Ceva et Lavina, de Manuel des comtes de Vintemille, pour deux mille florins d'or, et eut deux enfans, Pierre-Anthoine et Dominic. Ce Pierre-Anthoine pour quelque different qu'il eut avec ses cousins, s'en alla habiter à la Plesbe du Teico, et n'eut qu'une fille, nommée Andrioria, qu'il donna en mariage à Louys de Lascaris de Castelneuf, pere d'Honorat de Lascaris, d'où sont venus les differends de nostre maison. Dominic, le troisiesme fils de Pierre-Alphonse, eut trois fils, Pierre, Charles et Theodore : le quatriesme fils dudit Pierre-Alphonse, nommé

Anthoine, se retira à la Brigue, pour quelque depit qu'il eut contre les siens, et n'eut qu'une fille, nommée Neapoline, et prohiba qu'elle ne peust aliener ses biens, sinon és comtes de Tende et à ceux de Lascaris ; (ce qu'elle fit contre le statut et prohibition de ses maieurs, tellement que la plus part de ses biens furent transferez à ceux de Lascaris (1). Charles s'en alla à Naples, au service des roys, où il acquit grands biens, honneur et authorité. Le fils aisné de Dominic, nommé Pierre, apres avoir eu plusieurs differends et procez avec Theodore, son frere, demeura seigneur du Cunio et autres terres pour la moytié avec ledit Theodore, lequel neantmoins retenant encore quelque dent de laict contre son cousin Pierre, se voyant n'avoir enfans, ne le voulut instituer heritier, mais delaissa tous ses biens à Marc de Vintemille, son autre cousin, auquel il substitua Honorat de Tende, ce que toutesfois il ne pouvoit faire ; mais Symon, fils dudit Marc, voyant que lui et Galbert, son frere, n'avoient point d'enfans masles, institua pour ses vrays heritiers les enfans de Pierre, ses cousins germains : ainsi le bien retourna en la droicte ligne dont il estoit sorty. Ce Pierre fut grand justicier, et purgea ses terres de voleurs, larrons, meurtriers et gens dissolus, et vescut longuement en prosperité avec Leonor de Carretto, de laquelle il eut cinq enfans, Dominic, Lazare, Rogier, Philippe et Guillaume-Pierre. Ce Dominic resista virilement aux entreprises de Margueritte, comtesse de Tende, laquelle, en vertu des alienations et substitutions faictes par aucuns des comtes de Vintemille, s'estoit emparée de la seigneurie de Maro et Petralata, et par mesme moyen vouloit occuper les por-

(1) Ce membre de phrase ne se trouve que dans le manuscrit de Paris.

tions de la seigneurie du Cunio à elle laissées par le testament d'Anthoine et de Neapoline, sa fille, et appella à son secours la seigneurie de Gennes, de laquelle il se disoit citoyen et bourgeois, s'estant allié à Hieronime Spinola, l'un des principaux gentilshommes de ceste seigneurie, et demoura en la possession de ses biens. Philippe et Guillaume-Pierre se retirerent à Gennes, où ils establirent leur demourance et y moururent, comme aussi firent Pierre, Baptiste et Jean, leurs enfans. Rogier fut chevalier de Rhodes, et Lazare religieux de l'ordre des freres prescheurs à Tabia; lequel avant qu'aller audit Tabia, ayant longuement demeuré à Gennes, fit proclamer par la ville que tous ceux qui pretendoient leur estre deub quelque chose par ses parents des comtes de Vintemille, se retirassent à luy dedans six mois, et il leur satisferoit : ce qu'il fit, et acquitta environ douze cens florins d'or des debtes de ses parents, puis alla passer le demourant de ses jours en sa religion, preschant ordinairement és villes avec reputation.

V. Dominic des comtes de Vintemille estant demeuré seul du monde, eut six enfans, Alexandre, Marc, Jean-Baptiste, Barthelemy, François et Augustin : les trois d'iceux, Marc, François et Augustin furent chevaliers de Rhodes, et si la memoire ne me fault, il y en avoit encore un premier de tous nommé Charles, qui fut aussi chevalier comme eux. Barthelemy se fit prestre et a vescu pres de cent ans, homme grand et fort à merveille, et eut un bâtard nommé le More, vaillant soldat fort et agile de sa personne, qui a combattu et a esté vainqueur quatre fois en champ clos, puis s'estant mis à courir fortune par mer, fut tué par les corsaires, en une rencontre pres de Sardaigne. Jean-Baptiste eut deux enfans, et fut infortuné ; car le premier d'iceux, nommé Raphael, apres avoir longuement voyagé par plus de dix ans, en Levant et Occident, comme il retournoit en sa maison, devant que d'y entrer, se noya en passant le torrent au-dessoubs de Cunio, s'estant enflé par quelques soudaines pluyes ; et le second, nommé Symon, s'addonna aussi à voyager, et fut tué en querelle par un Turc en Constantinople. Quant à Alexandre, mon pere, voyant le païs destruict par les seditions excitées à Gennes par les Adornes et Fregoses, qui tour à tour ravageoient toute la coste de Gennes, et sa maison volée et bruslée, et peu de seurté à demeurer en icelle, fit voile en Grace, et se retira à Rhodes, où quatre de ses freres estoient chevaliers et pourveus de charges honorables en la Religion soubs le grand maistre de Carretto, qui fit de grandes choses en son temps, et pour luy estre parent et allié procura audit Alexandre le mariage de l'arcondesse Senasti, tresnoble et riche dame en l'isle de Lango, descendue de la race des Paleologues, empereurs de Constantinople. Ceste bonne fortune luy fit negliger son bien ancien et les querelles et differends de ses parents du Maro et du Cunio, et generalement de tout l'Occident ; car il lui sembloit avoir trouvé un illustre et tresasseuré repos de sa fortune en l'une des plus puissantes isles de Grece, où sa femme avoit de grands moyens, s'estant de nouveau rallié avec la noble ligne des Paleologues, dont il sçavoit ses ancestres avoir esté conioincts par le moyen des Lascaris, il y avoit plus de trois cens ans, et des biens temporels et faveurs des grands plus qu'il n'en avoit en toute la coste de Gennes ; mesme qu'en la Religion de Rhodes il avoit beaucoup de parens et amys, dont il pensoit mieux establir et asseurer sa fortune. Et ce qui plus luy donnoit de contentement estoit que de ce mariage il se vid pere de deux fils et une fille, combien que sa femme fut aagée et vefve d'un seigneur de ce païs là ; et avoit trois filles, l'une nommée Castrophilaca, l'autre Dianosodena, et la troisiesme Christodulina, par lesquelles neantmoins il esperoit accroistre et agrandir ses faveurs, amitiez et supports. Mais Dieu luy monstra bien quelque temps apres, comme il faict à tous, qu'il ne fault point prendre pied és choses temporelles ni se fonder és biens terriens et faveurs de ce monde ; car, en l'an 1522, les Turcs commencerent une furieuse guerre contre la chrestienté, soubs la conduicte de Solyman Othoman, fils de Selim, estans les Princes chrestiens en divorce et guerres intestines, tellement que l'isle de Rhodes et celle de Lango furent prises par les Turcs, tous ses biens et thresors ravys, le grand maistre de Carretto mort, et son successeur Lisle Adam chassé avec peu de chevaliers ; ses freres partie occis, partie en exil avec les autres ; luy, mort à la guerre, sa vefve et ses enfants fugitifs et vagabonds avec les reliques de la Religion, contrainets de rechercher les vieilles brisées en Occident, dont ils estoient sortis. Voilà que c'est de la varieté et inconstance de ce monde, et combien sont vaines les esperances de ceux qui s'y fient. Ceste religion de Saint Jean de Hierusalem fut longtemps vagabonde en Candie et de là en Sicile et à Viterbe, pres de Rome, du temps du pape Adrian ; de là elle se rendit à Nice, où elle fit seiour durant que les ambassadeurs d'icelle estoient à supplier les Princes chrestiens de la secourir et luy donner lieu et place pour s'arrester et reprendre ses forces pour combattre contre les Turcs. En fin, l'an 1528, l'empereur Charles le Quint leur donna l'isle de Malte pour y habiter et la ville de Tripoly pour secours, où depuis le grand maistre et chevaliers se sont fortifiez et deffendus contre les Turcs. Telle fut la fortune dudit Alexandre de Vintemille, lequel, entre les grands services qu'il fit à la Religion l'ayant rendue debtrice envers luy de six mille escus en ses necessitez, il employa ses biens et sa personne pour icelle, tellement qu'il y perdit la vie, et delaissa Marc et Jacques fort petits avec Perretine leur sœur, en la garde de ses freres chevaliers pour les conduire en sa maison paternelle de Cunio. Mais la fortune commune de la Religion les tint longuement vagabonds par la mer; et qui voudra bien peser ceste adventure, trouvera qu'il y a bien dequoy remarquer le iugement de Dieu et l'instabilité des dispositions humaines, et principalement en la personne de ladite Senasti, vefve dudit Alexandre, mon pere; car elle estoit desià fugitive avec ses parens de la ville et païs de Constantinople occupez par les Turcs, et pensoit s'estre mise en seurté à Rhodes et en l'isle de Cos, que nous appellons Lango, où elle se tenoit avec les siens, ayant recueilly de grands thresors et bagues que ses maieurs luy avoient laissez, et neantmoins par ceste seconde guerre des Turcs, elle fut derechef contraincte de souffrir un nouveau exil, et sortir denuée de tous biens, avec ses deux fils et sa fille, d'une belle maison, pour chercher par mer un pauvre lieu où elle peust ficher son pied, courir par la Grece, Sicile, Italie et Provence, et enfin venir à Malte, en païs et region incogneus, de diverses langues, mœurs et conditions, sans avoir autre secours de vie, sinon ce qui lui estoit donné et administré par ladite Religion. Toutesfois, ayant confiance en Dieu, elle porta ses afflictions patiemment, et a vescu sainctement et en devotion à Malte jusques en l'an 1533, qu'elle deceda, apres qu'elle eut logé et marié sa fille Perretine à un gentilhomme rhodiot de noble et ancienne race, nommé Theodore. Et vient icy à noter que la bonne dame donna un certain iour pour la solennization des nopces, qui fut le XX de iuing en ladite année 1533, disant que ce mesme iour elle debvoit mourir. Et advint que, selon sa volonté, les nopces furent solennizées ledit iour, et apres qu'elle leur eust donné sa benediction, prenant cela pour une consolation de ses miseres, alla de vie à trespas et fut conduicte par toute la Religion et mise en sepulture en la mesme esglise en laquelle, le mesme iour, sa fille avoit receu la benediction du sainct mariage. Si cela fut casuellement ordonné ou bien par quelque esprit prophetique qui fust en elle, ie ne le sçaurois asseurer; si est-ce qu'aucuns chevaliers d'honneur et de vertu ont tesmoigné en plusieurs lieux que ceste bonne dame avoit predit à ceux de la Religion plusieurs choses qui leur sont advenües, et par l'austerité de vie dont elle usoit, œuvres charitables et consolations qu'elle donnoit aux affligez, elle avoit acquis une reputation de saincteté et a servy de miroir et d'exemple à toutes les Grecques estans de son temps à Malte. Je ne veux oublier de dire qu'apres que les reliques de Rhodes furent transportées à Malte, le grand maistre et le conseil de la Religion voulurent donner la croix et l'habit de chevalier, tant à mon frere qu'à moy, encores que fussions pour lors fort ieunes; mais la bonne mere ne le voulut iamais, disant que la fortune de ses enfans tendoit ailleurs et en autre païs, et que leur lignée viendroit un iour à quelque prosperité, s'asseurant que Dieu ne les abandonneroit point, et qu'ils trouveroient un iour un lieu de repos avec honneur et contentement. Voylà comme ceste bonne dame termina ses iours, apres avoir eu de grandes afflictions. Le fils aisné d'icelle, nommé Marc, a senty en sa premiere ieunesse les travaux de l'exil de Rhodes par mer et par terre, suivant la fortune de la Religion, sous la faveur de François et Augustin de Vintemille, ses oncles, qui tenoient bien honneste lieu en icelle, et en compagnie de ladite arcondesse Perretine, sa sœur.

Il fut pourveu de l'estat de grand viscomte à Malte, condition assés penible, mais belle et honneste pour le service de la Religion (1). Depuis, se voyant sur l'aage, vint à la rive de Gennes, au Cunio, en la maison paternelle, et s'estant marié avec Thomassine di Galeani, gentil'femme de la ville de Vintemille, a eu deux fils, Alexandre et Prosper, qui sont encores fort ieunes et viendront avec le temps et l'ayde de Dieu à quelque bon faict. Quant à ma fortune, ie n'en veux rien escrire, veu que vous la sçavez aussi bien que moy.

VI. Or, d'autant que cy dessus i'ay faict mention d'aucuns de ceste race des comtes de Vintemille qui ont pris leur routte du costé de Naples et de Sicile, où il y a plusieurs maisons portans le nom et tiltre de Vintemille, ie veux bien vous contenter en cela de vous en toucher un mot, à fin que vous ne soyez en doute si ce sont deux races portans un mesme tiltre, ou bien s'ils sont descendus d'une mesme tige. En premier lieu il est certain que les uns et les autres portent mesmes armes, l'escu pointu à l'antique d'or et de gueusle, que nous tenons tous estre les anciennes armes de la maison de Vintemille. Il est vray que le comte Guido allant contre les Sarrazins prit un lion d'argent sur le champ de gueusle de son escu, ledit lion couronné droit et combattant avec une espée nüe en une des mains, que l'on dit luy avoir esté donné par le roy Alphonse d'Espagne, son oncle,

(1) La charge de grand viscomte de Malthe est portée par un seculier; le grand maistre y pourvoit, et cette charge consiste à mettre à exécution les ordres du grand maistre et du conseil, tenir la main à ce que l'isle vive en seurté, arrester les malfaiteurs et prendre soin qu'on lui face les gardes sur les costes; mais sans aucune jurisdiction sur les chevaliers et leurs domestiques, si ce n'est par ordre du grand maistre et du conseil. (Note manuscrite de Ph. de la Mare.)

pour la vaillance dont il usa aux expeditions de guerre; lesquelles armes sont demeurées aux comtes de Vintemille iusques à present, combien qu'aucuns d'iceux n'usent que des armes pleines anciennes. Je sçais bien que ceux de Lascaris, depuis l'alliance prise avec nous, y mettent aussi le lion, mais c'est sans espée et sans couronne. Il est tout notoire qu'à Naples il y a une maison de gentilshommes appellée Imperiali, fort ancienne et alliée avec ceux de Vintemille de Sicile, lesquels ont esté fort renommez en faict des armes. S'ils sont descendus du comte Guido de Vintemille, lequel s'intitule *Guido imperialis comes Vintimillii*, ou bien que ledit comte fust venu de Naples, ie ne le sçaurois expliquer. Tant y a que les uns et les autres ont acquis grand renom et grands biens par leurs vertus et ont esté aymez et honorez des roys qui les ont receus en leurs alliances. Æneas Silvius, pape, recite en la Cosmographie d'Europe, que Jean de Vintemille, Sicilien, fut un grand capitaine. Il donna sa fille en mariage au despote d'Accarnanie, qui est une region de la Dalmatie entre l'Espire et Brosse; et comme les Turcs luy eussent faict une cruelle guerre, il donna secours à son gendre fort vaillamment, et avec peu de gens deffit et tua grand nombre de Turcs, tellement que ledit despote demeura paisible possesseur tant de son royaume que de tout l'Espire, que nous appellons auiourd'huy la Bossina. Il recite aussi les grandes victoires qu'il eut pour le roy Alphonse de Naples, comme il deffit les armées de la reine Isabelle, femme de René de Lorraine, print Capoüe et Accerse, et comme il fut choisy capitaine general de l'armée papalle, contre tous ses adversaires, où il fit de grands exploicts et acquit une loüange de tressage, fidele et vaillant capitaine. Jovianus Pontanus, au livre de la guerre de Naples, raconte par le menu les faicts et vertus de ce Jean de Vintemille et de deux de ses freres, personnages de grande authorité et prudence, et comme ils rompirent les entreprises et trahisons qui se faisoient contre le roy Alphonse et son fils Ferdinand, dont ils furent grandement prisez plus pour la fidelité que la force, ayans par prudence rompu le party contraire, qui estoit le plus fort. On recite de ce Jean de Vintemille qu'il donna une merveilleuse preuve de sa valeur, lorsque le roy Alphonse accorda de parlementer avec ses ennemys, au milieu des champs, entre Naples et Capoüe, à condition qu'il n'y auroit que douze personnes d'une part et d'autre : car il resista ce qu'il peust à ceste forme de parlementer comme dangereuse et pleine de trahison pour sa personne, declarant par courroux qu'il ne s'y vouloit trouver, à fin de luy donner occasion de rompre ce desseing. Toutesfois quand il vid que par raison et prieres il ne le peust gaigner, il s'y trouva avec deux de ses freres seulement, et comme il vid que les delegués des ennemys du roy tiroient leurs discours et propos en longueur pour donner loisir à deux cens chevaux, qui estoient en un bois et embuscade, de s'approcher du lieu où l'on parlementoit, lesquels tost aprés furent veus et aperceus venir à bride avallée pour surprendre le roy, il cogneut que c'estoit faict de luy, s'il n'y donnoit remede : si se rua avec fureur et colere contre les delegués qui là estoient et en tua deux, et chassa les autres de telle roideur qu'ils n'eurent moyen d'attendre leurs secours ny executer leur entreprise, et se mirent en routte tirant vers ceux qui estoient sortis de l'embuscade, et les chassant et battant avec deux des siens, fit teste de telle façon à ceux qui venoient, qu'il donna loisir au roy de se sauver. Puis voyant que le roy estoit assés loing, il se retira aussi de vitesse aprés luy si dextrement qu'il ne peut estre pris ny offensé. Le roy cogneut lors sa faulte de n'avoir creu ce vaillant capitaine et le remercia infiniment, l'appellant son pere et qu'il ne tenoit sa vie que de luy; et depuis luy fit tous les honneurs qu'il peut et n'executa plus rien qui fust d'importance sans son conseil. Il s'est depuis veu de vaillants capitaines et soldats qui ont faict grandes preuves au service des roys d'Espagne tant par mer que par terre et ont rendu leurs maisons illustres ; tellement que Dom Symeon de Vintemille acquit le tiltre de Stratigo de Messine pour estre hereditaire de sa maison. Ce mot signifie gouverneur de la ville. Ses enfans, en grand nombre, sont seigneurs de plusieurs terres et chasteaux, mesme du marquisat de Gieraschio pres de Palerme, qui vault quarante mille ducats de rente. Il y en a pres de quarante maisons nobles de ce nom espanchées çà et là par la Sicile et Calabre, possedans de grands biens et en bonne et honorable réputation.

VII. Puisque i'ay cy dessus parlé de l'alliance des Lascaris avec la maison de Vintemille, il ne sera hors de propos de toucher un mot de l'autre branche d'alliance, qui est des Paleologues, aussi noble et ancienne que la premiere, à laquelle nostre maison est doublement alliée ; car il se trouve qu'Alexius Paleologue espousa la fille d'Alexius Angelus, empereur de Grece, et son fils espousa Anne, fille de Theodore Lascaris, depuis empereur, et la fille du jeune Theodore aussi empereur, nommée Irenée, fut mariée à Jean comte de Vintemille, selon que recite Gregoras. Or, est-il certain par les histoires grecques que les races des Lascaris et des Paleologues ont tenu l'empire de Constantinople par plus de trois cens ans, dont il y a eu des empereurs vaillants et de grande pieté et prudence, combien que ie ne veux nyer qu'aucuns d'eux sont parvenus à l'empire par moyens illicites, selon que leurs vertus et selon que leurs richesses les ont rendus ambitieux, ou bien que le soupçon d'estre ruinez et l'envie des courtisans les a contraincts à faire des estranges entreprises. Theodore Lascaris fut heureux et vaillant : il chassa Alexius et vaincquit les Turcs en bataille, qui avec grande puissance vouloient restablir ledit Alexius ; et ne tint la victoire que de sa propre vertu : d'autant que Zatalites, prince des Turcs, se vint attacquer à luy et combattit vaillamment, de sorte que l'empereur fut rüé à terre ; mais ledit Theodore ne perdit point cœur ains se releva soudain et couppa les jarrets du cheval du Turc et le fit aussi tomber à terre, et lors il monstra si bien sa vaillance qu'il trancha la teste d'iceluy, et l'ayant faict porter par le camp au bout d'une picque, effroya tellement les Turcs qu'ils furent rompus et deffaicts; Alexius mesme pris prisonnier avec plusieurs autres seigneurs, auquel toutesfois il fit bon traictement. Le ieune Theodore eut une grande victoire contre les Bulgares, lesquels du depuis il receut en Grece, comme il fit aussi du despote de Thessalie nommé Michel le bastard. Il fut fort doux et humain et liberal en son regne, mais il eut quelque soupçon contre Michel Paleologue qu'il voulust aspirer à l'empire : cela fut cause que ledit Michel s'en fuit vers les Turcs, qui le firent capitaine general de leur armée, et vaincquit les Scythes en battaille. L'empereur depuis le rappella et le remit en ses biens, prenant de luy la foy qu'il luy seroit fidele et n'aspireroit à l'empire. Tost apres ledit Theodore abdicqua l'empire et se rendit moyne en une abbaye qu'il avoit bastie et fondée, delaissant un fils pupil soubs la tutelle de Massalon, lequel fut tué par sedition populaire. Et lors Arsenius, patriarche de Constantinople, par l'advis de tous, donna l'enfant et toute l'authorité et administration à Michel Paleologue, comme grand connestable de tresillustre maison, et outre ce bien aimé du peuple. Il avoit de grandes vertus qui le rendoient aymable à un chascun ; il estoit vaillant et liberal, eloquent, d'une carre auguste, belle et venerable, et d'un esprit prevoyant et aïgu sur tous autres. Au commencement de son administration, il vaincquit Michel de Thessalie en battaille, et lors par les soldats il fut esleu empereur. et fit Alexius son frere, Cesar ; lequel reprit Constantinople, qui s'estoit revolté, et y fit entrer son frere Michel comme empereur. Depuis se voyant derechef assailly par le roy Charles de France et les armées latines d'une merveilleuse puissance, il fit paix avec le pape et luy accorda plusieurs authorités et prerogatives sur l'esglise grecque, dont il commença à estre hay des siens, mesmes du patriarche Arsenius, qui le voulut interdire. L'empereur, pour s'asseurer, chassa le patriarche, mit plusieurs senateurs et gentilshommes en prison, rendit Jean Lascaris aveugle, qui estoit desià grand, et suscita Federic, roy de Sicile, contre les François. Il reprima les Gennois et donna sa fille en mariage au duc des Bulgares. Somme, il se meintint en son regne, et apres son deces Andronicus Paleologue, son fils, luy succeda ; lequel consola Jean Lascaris aveugle et luy fit fort bon traictement. Il mit Porphyrogenete, son cousin germain, en prison, pour ce qu'il aspiroit à l'empire, et eut la fortune de guerre fort variable. Il eut ses enfans successeurs à l'empire de fils en fils, jusques à Constantin Paleologue, le dernier de sa race, qui fut tué à la prise de Constantinople par Mahomet le deuxiesme de la race des Othomans, l'an 1453 ; et ainsi deffaillit le plus bel empire et le plus noble qui fust oncques, à present occupé par les Othomans, princes des Turcs, selon que plus amplement on peult veoir par les histoires. Et par là on peult iuger quelle a esté la noblesse de ces trois maisons de Lascaris, Paleologue et Vintemille, tellement alliées et apparentées que plus ne pourroient estre. Apres la prise de Constantinople, tous les masles de la race des empereurs que l'on peust apprehender furent mis au fil de l'espée, comme aussi tous les plus nobles du païs. Ceux qui purent eschapper, ensemble les femmes et filles du sang, se sauverent és isles prochaines et de là és autres païs et provinces tenües par les chrestiens. De tous lesquels ie ne vous pourrois dire ny les noms ny les fortunes, fors d'un nommé Constantin Lascaris et d'un autre nommé Janus Lascaris, qui furent grands personnages à Rome du temps des papes Sixte, Alexandre sixiesme et Leon dixiesme. Mesme que ledit Janus Lascaris fut ambassadeur du pape Clement VII vers l'empereur Charles le Quint, pour la delivrance du roy François. Les femmes, qui s'estoient retirées és isles se sont du depuis mariées, partie à des seigneurs françois, partie à italiens, retenans tousiours ceste maiesté du lieu dont elles estoient sorties, et les appelle-on encores auiourd'huy Arcondesses, c'est à dire princesses, combien qu'elles soient reduictes à petite fortune.

On raconte que les Paleologues ont esté quasi tous de grande stature, grand front, large barbe, ayans carre d'hommes de guerre, venerables, haultains, ayans tousiours la teste levée, le maintien auguste, la parole douce et neantmoins retenant sa grandeur, esloquens et gratieux envers un chascun, gens d'effect et de discours, de grande entreprise et negociation. Les Lascaris estoient plus petits, de moyenne stature, humains et courtois, amateurs des dames, soupçonneux, caults et fins, et aucuns d'eux plus devotieux et dissimulateurs. Ceux de

Vintemille naturellement ouvers, simples, liberaux, non soupçonneux ny simulateurs, secourables à leurs amys, ne se deffians de personne, haultains de cœur et convoiteux d'honneur et de gloire, se contentans de leur fortune.

Mes oncles les chevaliers m'ont autrefois raconté que frere Marc des comtes de Vintemille, chevalier de Rhodes, estant capitaine general de la Religion, rencontra par mer, avec ses quatre galeres, huict de celles des Turcs, lesquelles il attacqua si vivement, qu'il en mit deux à fond et en prit trois avec grande occision de Turcs ; mais il advint un malheur, que les Turcs en combattant mirent le feu en sa galere, qui fut arse et bruslée, et comme il se vid en danger, saulta dedans l'une des galeres des Turcs, en laquelle il fut tué, et neantmoins ses freres retournerent victorieux à Rhodes, menans les trois galeres turcques prises en ce combat. Ainsi il advient souvent qu'une belle entreprise, encores qu'elle soit heureusement executée, est quelquefois accompagnée d'une mauvaise fortune et d'un malheur qui ne se peult eviter.

Ceux de Vintemille de Sicile et de Naples sont apparentez et alliez de grandes maisons qui seroient malaisées à reciter ; mais ceux de la coste de Gennes, à la maison Doria, à celle de Spinola, Carretti, Grimaldi et Lomelini, à la maison de Tende et de Savoye par le moyen de dame Margueritte de Vintimillia Lascaris, dame de Vilars, de Tende et du Maro, mariée à Monsieur le mareschal de Savoye, qui de son temps fut recogneu en France, et a laissé Claude de Tende, gouverneur de Provence, et Honorat de Savoye, à present admiral de France, ses enfans, et dame Magdelene de Savoye, femme de feu monsieur Anne de Monmorancy, connestable de France, deux autres filles mariées aux comtes de Brienne et de Ligny. Il y a encores d'autres alliances dont je ne suis pas bien informé, comme dans la maison de Joyeuse et marquis d'Urfé. Le comte Claude de Tende a eü deux fils, Honorat et Henry; lesquels estans morts sans enfans, Renée de Tende sa fille esnée, vefve du feu sieur d'Urfé, bailly de Forests, a pretendu la succession, que l'on estime de trente mille escus de rente. Mais ledit sieur admiral de Savoye pretend que par le testament de son grand pere tous les biens sont substituez aux masles, et que par consequent la succession luy apartient. Et ainsi a esté jugé, tant au parlement de Provence qu'en celuy de Thurin, au profit dudit sieur admiral, lequel en est jouyssant, et dit que la substitution est caducque en sa personne et de dame Henrye de Savoye sa fille, vefve de monsieur de Mompezat et à present femme de monsieur Charles de Lorraine, duc du Mayne, gouverneur du païs et duché de Bourgogne.

VIII. Au reste i'eusse volontiers passé soubs silence le discours de ma petite fortune, laquelle, pour avoir esté travaillée, laborieuse et incertaine, et fort dissemblable à celle de mes ancestres, ne meritte pas d'estre cognüe de vous. Toutesfois, puisque tant desirez et me pressez de la vous faire veoir, i'en toucheray quelques points, qui se peuvent dire sans pudeur : le demeurant sera commis aux vents et tenebres d'oubliance. Il se trouve peu de gens qui ayent eü la naissance pareille à la mienne, et fault bien qu'à ma geniture les astres ayent monstré leur vertu. Le pere Ligurien, la mere de Constantinople, la naissance en Lango, l'enfance à Rhodes, la puerilité vagabonde sur mer, l'adolescence instable sur la terre et la virilité reduicte en France, où elle a esté long temps incertaine de sa vie et mal asseurée de trouver repos. Vous sçavez comme je perdis mon pere à la guerre de Rhodes, estant encores enfant, et comme par mesme desastre, je fus privé par les Turcs de mon païs, mes biens, parents et maisons, et quasi des le berceau contrainct de courir la mer jusques en l'aage de dix ans, sans trouver lieu où ie me peusse arrester. Voylà comme Dieu nous donne la vie et nous sauve des dangers comme il luy plaist, et contre toute esperance, nous meine et conduict en lieu où l'on n'a iamais pensé.

Estant les reliques de la religion de Rhodes à Viterbe et à Nice, mes parens chevaliers ne voulans ou ne pouvans pourvoir à ma nourriture, un chevalier lyonnois nommé George de Vauzelles, amy de mon feu pere, recognoissant quelques bons offices qu'il avoit receus de luy, me mena en France et m'entreteint comme son fils aux escholles de Lyon, de Paris et Thoulouze jusques en l'aage de vingt ans, qu'il me laissa aller sur ma foy chercher mon frere et mes parens en Italie, et me fit sentir le fruict de l'amitié qu'il avoit portée long temps auparavant à mon pere. On dit bien vray qu'il n'y a rien si beau que faire thresor de bons amys et qu'un bon cœur treuve quelquefois l'opportunité de monstrer qu'un bienfaict n'est iamais perdu. En cest aage de vingt ans et plus i'avois le cœur addonné aux lettres et aux armes, et ay couru les Universités d'Italie, et en mesme temps visité les villes où l'on faisoit la guerre, estant partie eschollier et partie soldat. J'ay aussi couru la coste de Gennes, et trouvé les brisées de ma maison paternelle, laquelle ne me venant à gré pour les humeurs des gens de ce païs là, ie retournay incontinent à Pavie pour achever mes estudes, et tost apres fis le voyage d'Algier soubs l'empereur Charles le Quint, et ayant traversé l'Espagne, ie me rangeay à la cour de France, où i'ay plusieurs fois tourné et changé de façon de vivre, selon que l'affection ou la necessité me commandoit. Icy ie vous puis confesser que i'avois passé trente ans, et changé plusieurs fois de profession avant que resoudre à laquelle ie me devois tenir ny en quel lieu mettre le pied pour m'arrester. J'ay voulu sçavoir plusieurs langues, m'applicquer non seulement aux lettres humaines et aux loix, ma principalle profession, mais aussi à la musique, aux mathematiques, à l'architecture, à la peinture et poësie, à faire devises et pourtraicts de tableaux, tapisseries, verrierres et ornements de maisons et iardins des roys et princes, avec des inventions belles et rares, pour satisfaire à leurs desseings. En ceste incertitude i'ay demeuré long temps, non par faulte de courage, mais par deffault de moyens. Car quelque mal ou adversité qui me soit advenuë, ie n'ay iamais perdu le cœur, ains ay aspiré à meilleure fortune ; iamais ne pris plaisir avec les ignorants, ny conversé avec les plebeiens; volontiers me tenois és palais des roys, princes et grands seigneurs, et ay maintefois disné par cœur pour avoir leurs devis, et disputer avec les hommes excellents, fust en doctrine ou en faict de guerre. Ce courage me fit cognoistre au grand roy François, vray patron des bons esprits,lequel me commanda de luy translater de grec la Cyropedie de Xenophon. Ce que ie fis, et luy en donnay deux livres escrits de ma main devant qu'il mourust à Rambouillet. En mesme temps ie traduisis l'histoire grecque d'Herodian des empereurs de Rome, et le Prince et la Guerre de Machiavelli, Italien, que ie donnay à monsieur de Monmorancy, pour lors connestable de France; et pour monstrer que ie n'avois mal profité à l'estude des loix, ie fis imprimer les Digestes à Paris, corrigez sur les Pandectes florentines, et y adioustay mille bons passages que i'avois recueillys en Italie plus de dix ans devant que le duc de Florence donnast les vrayes Pandectes à l'impression. Et fis aussi plusieurs autres ouvrages de ma main, pour n'estre oysif et inutile, lesquels se trouveront és mains de mes amys. Le roy Henry II, auquel ie donnay la Cyropedie complette, me fit donner 400 escus, avec lesquels je me mis en ordre et me fis cognoistre aux princes et grands seigneurs. J'estois bien aymé [de messieurs les cardinaux du Bellay et de Tournon (1) et] de messieurs les cardinaux de Lorraine et de Sens, de messieurs les ducs de Guise et d'Aumale, fort familier et domestique de messieurs de Rambouillet, pere et fils ; et depuis en la maison de feue madame la duchesse de Valentinoys, lorsqu'elle faisoit bastir en grande magnificence et somptuosité la maison d'Anet, en laquelle mes inventions, devises et poësies succederent si heureusement, que le roy Henry me donna l'office de conseillier en la Cour de parlement de Diion, premier fondement de mon repos. Depuis ie me suis rendu plus familier à feu monsieur le connestable et à messieurs ses enfans, par le moyen de madame Magdelene de Savoye leur mere, qui m'advouoit pour parent, et à plusieurs autres seigneurs ; à messieurs les chanceliers Olivier, Bertrand et de l'Hospital et autres gens doctes, desquels i'estois aymé et respecté, et par leur faveur i'ay executé de belles et honorables charges et commissions pour le service du roy, comme vous sçavez. Et parmy nostre compagnie, et en tout le païs, ie n'ay point acquis mauvais nom, soit dit sans envie, ains une reputation d'aimer la iustice, que i'espere continuer avec l'ayde de Dieu. Cela m'a servy, non pour aggrandir, mais pour asseurer ma petite fortune et le nid que i'ay trouvé pour me tenir à couvert le demeurant de mes iours, du quel i'ay esté seul promoteur et architecte. Dieu y a donné

(1) Ce membre de phrase ne se trouve que dans le manuscrit de la Bibliothèque nationale.

bon succez et accroissement. Je me veux loüer d'une chose, qu'estant content de peu, ie n'ay porté envie à personne et me suis estudié de faire plaisir à tous et desplaisir à nul, acquerir des amys et me ranger du party des bons, fuir les meschans et querelleux, estaincdre les inimitiés et querelles et me rendre agreable et amy d'un chascun. Enfin Dieu m'a accompagné d'une femme vertueuse, avec laquelle i'ai vescu en ioye, doulceur et concorde, et m'a donné une fille, de laquelle je voy sortir de la lignée pour ma consolation. Des biens, il y en a peu ; mais à suffisance de ma vie. Il y en a assés pour mes heritiers, s'ils s'addonnent à bien, et trop s'ils s'addonnent à mal (1).

Nous avons cy devant parlé d'Alexandre et Prosper qui estoient fort ieunes ; i'estime n'estre hors de propos de dire un mot de leur conduicte et fortune.

Alexandre s'adonna aux lettres et se dedia au service de Dieu et de son Esglise, estant chanoine, tant à Nostre Dame de Beaulne qu'à SainctLadre d'Autun, esglise cathedralle, où il a faict sa principalle demeure et gouverné plusieurs années avec beaucoup de prudhomie et integrité ce chapitre, ce qui le rendit grandement aymable à tous ceux de son corps ; quant à Prosper, son ieune frere, il estudia aussi iusques en l'aage de dix huict ans, auquel temps les guerres commençant en France, print les armes et se mit au service des princes de la maison de Lorraine, qu'il suyvit plusieurs années en diverses expeditions et voyages de guerre, tant és provinces de France que hors du royaume et desquels il a tousiours esté grandement aimé et chery ; et apres avoir servi long temps les branches de ceste tant illustre et royalle maison, il vint en

(1) Ici se termine l'œuvre de Vintimille : ce qui suit a été ajouté dans le manuscrit de la Bibliothèque nationale.

Lorraine servir le tronc et le chef Henri II, pour lors duc, qui l'honora du tiltre et qualité de gentilhomme de sa chambre et de son conseillier d'Estat avec honorable entretenement, où quelque temps apres, aagé de quarante ans, il se maria avec honorée dame, dame Claude de Cornillion, pour lors vefve, yssue des premieres et plus illustres maisons de Savoye, avec laquelle il a vescu tousiours en tresgrande union, concorde et avec beaucoup de douceur. Mais Dieu ne les favorisant d'aucuns enfants de leur mariage, de trois filles qu'elle avoit il adopta la plus ieune, nommée Yoland, à laquelle il donna son nom et ses armes, pour tesmoignage indubitable de l'amour qu'il portoit à la mere et à sa dite fille, qu'il a choisye pour sienne, tant pour sa vertu, douceur et bon naturel, que pour l'esperance qu'il a qu'elle sera un iour comme le soustien et consolation de sa vieillesse et de sa chere femme, à laquelle il ne reste comme à luy autre desir que de la veoir mariée en quelque maison d'honneur et de qualité, comme ils esperent sera avec l'ayde et assistance divine et de sa glorieuse Mere. Pendant sa demeure en Lorraine, il a esté grandement bien veu et chery de son altesse son bon maistre, comme aussi de monseigneur de Vaudemont son frere, qui luy fit l'honneur de le demander à sa dite altesse pour eslever et estre gouverneur des personne et estat de Charles prince de Vaudemont, son fils aisné, et puis apres de son second, le prince Nicolas François, marquis d'Attonchatteau, lesquels il a nourrys, en sorte que leurs progenitors en ont eu du contentement, et toute la noblesse du païs, avec laquelle pour estre estranger il a tousiours vescu avec beaucoup d'intelligence et amitié. Son naturel a esté d'obliger et faire plaisir à un chascun et ne desobliger personne, amateur des bons et fort hayneux des meschants et vitieux, et ne s'est iamais pleu à la conversation des gens de peu, mais bien des vertueux et remplis d'honneur, et n'a esté trop ardent aux honneurs et richesses de ce monde, ains s'est contenté en sa condition mediocre.

Ladite Yoland de Vintemille mourut à Nancy le sixiesme de iuillet mil six cens vingt et un, aagée de dix huict à dix neuf ans, entre les unze heures et la mynuict. Dieu l'avoit douée de beaucoup de graces, tant du corps que de l'esprit, qui la rendoient grandement aimable à un chascun, outre une douceur, bonté et modestie extraordinaire qui l'accompagnoit et portoit à obliger un chascun et à ne desobliger personne, fust par sa langue ou par ses actions, qui estoient tousiours accompagnées d'une grande retenue. Ceste mort causa un extresme regret à son bon pere et à sa chere mere, qui l'avoient eslevée avec beaucoup de soing et de douceur, à ce portez par son bon naturel et par l'esperance qu'ils avoient qu'elle seroit le soustien et consolation de leur vieillesse. Mais Dieu en ordonna autrement, leur faisant paroistre que les affections et esperances attachées aux choses humaines resemblent aux glaces d'une nuict où il n'y a nulle certitude ny asseurance, et qu'en Dieu seul se trouve la fermeté, l'asyle à tous nos maux et les plus fermes et solides consolations. Car lors que ses pere et mere pensoient à la loger et marier en une maison honorable, Celuy qui est maistre de toutes les creatures la tira à luy et luy fit payer le tribut ordinaire, laissant une grande desolation dans la maison. Mais la belle et heureuse fin qu'elle fit, et comme d'une saincte ame, servit grandement à addoucir l'amertume de ceste perte. Elle receut tous ses sacrements, louant et benissant Dieu avec des paroles tirées du profond de son ame, qui consoloient infiniment ceux qui la visitoient et les gens d'esglise qui l'assistoient en ce dernier passage. En cinq iours elle communia deux fois, et à la derniere qu'elle receut ce divin et tresauguste sacrement pour viaticque, elle avoit le iour mesme faict avec son confesseur un recueil de toute sa vie passée et receu de luy sa saincte benediction. Elle ne prenoit plaisir pendant quinze iours qu'elle fut reduicte au lict qu'à entretenir les gens d'esglise qui la visitoient souvent et de divers Ordres, prenant un extresme contentement de les ouyr discourir des choses divines et du royaume celeste, sans apprehension quelconque de la mort. Aussi avoit-elle esté tousiours infiniment charitable, aumolniere, craintive d'offencer Dieu et tresdevote à la Vierge, quell'asseura de voir accompagnée des anges, quasi en mourant, ayant la parole tousiours ferme, le iugement tresbon jusques au dernier soupir, finissant sa vie entre les bras d'un nommé frere Paulin, cappuchin, que l'on tenoit estre sainct homme et avoir des grandes revelations de la Vierge, et du reverend pere Michel, superieur des reverends peres de l'oratoire de Jesus, homme de tresgrande pieté, doctrine et saincte vie, qui asseura n'avoir iamais veu, non plus que ledit frere Paulin, mourir personne plus en la grace de Dieu, et parainsi croire que son ame estoit allée droict au lieu de repos, où elle priera Dieu pour ses progeniteurs et cheres sœurs, qui ne pouvoient en leur indicible affliction recevoir une plus grande consolation que celle-là. Pendant sa maladie elle fit vœu que s'il plaisoit à sa divine Bonté de luy renvoyer sa santé par les prieres et intercessions du glorieux sainct François, qu'elle porteroit un an la robe et habit du dit sainct, auquel elle avoit comme au bien heureux sainct Bernard, une tres particuliere devotion. Estant morte, l'on l'habilla du dit habit, le visage descouvert, les pieds nuds et les mains ioinctes, entre lesquelles l'on luy mit un petit crucifix. Plus de vingt mille personnes luy furent donner de l'eau beniste, comme aussi les princes et princesses et toute la noblesse luy firent ce mesme honneur, qui asseurerent tous n'avoir iamais veu une plus belle creature morte : son visage et ses mains, bien que grandement maigris par la longueur de sa maladie, furent remis par grace speciale de Dieu en leur premiere beauté, pour honorer ceste vierge qui avoit tousiours eu sa saincte crainte et passionement servy sa saincte et glorieuse Mere la Royne et Maistresse de toutes les Vierges. Elle fut enterrée le septiesme de iuillet, en l'esglise du Novitiat des reverends peres Jesuistes, aux neuf heures du soir, sans aucune pompe funebre ; où il se trouva neantmoins à une heure si extraordinaire plusieurs miliers de peuple et force dames pour voir et honorer ceste servante de Dieu.

Note de l'Éditeur. — Prosper de Vintimille et sa femme ne survécurent que quelques années à Yoland et furent inhumés auprès d'elle, en l'église du Noviciat des Jésuites de Nancy. Voici, d'après Philibert de la Mare (1), l'épitaphe qui fut mise sur leur tombeau :

D. O. M.

PROSPERE ADES HUC LECTOR.

Quis hic jaceam quæris ? Prosper ille sum, ex antiquissima Vintimilliensium
comitum, Palæologorum et Lascarenorum Impp. affinitate ac stemmate
illustrissima familia, in Italia oriundus ; qui in Gallia forisque
Lotharenorum Principum fortunæ ac virtuti plures annos, pace ac bello,
addictissimus ; stirpi ipsi Lotharenæ domus sereniss.° Henrico II inter nostros
cubicularios honorifice carus, atque a publicis privatisque consiliis ; optante
illustrissimo atq. excellentiss.° Principe comite Vadesmontano, lectissimis ejus
liberis, ac spei publicæ flori gemino, Carolo Vademontano, hodie etiam Lotharingiæ
ser.° duci ; dein Francisco Nicolao, Principi Vademontano, appositus moderator,
teneram eorum adolescentiam pie ac provide ex parentum et Reipubl. votis
gubernavit. An XV domestica in re ducta uxore e Primaria inter Allo-
broges nobilitate, spectabili heroina Claudia Cornillionæa, in concordissima
vitæ societate, nullis ex ea susceptis liberis, Yolandam ejus e priore toro
filiam natu minimam, propriam gentilitii stemmatis ac nominis
sui hæredem adoptarat. Trium, uno monumento, nomina hic vides, Prosperi,
conjugis, natæ : Tribus bene precare et mortalitatis tuæ memor, pacem
mortuis orato. Obiit anno Dni M. D. C. XXVII. die II febr. Ætatis LVII.

(1) Mss. de M. de Laplanche.

www.ingramcontent.com/pod-product-compliance
Lightning Source LLC
LaVergne TN
LVHW010058230826
846091LV00005B/1997

* 9 7 8 2 0 1 2 9 4 3 0 6 3 *